AF512995

संजीव कपूर का
खज़ाना

पनीर

अल्योना कपूर के सहयोग से

पॉप्युलर प्रकाशन
www.popularprakashan.com

राजपाल

खाना खज़ाना पब्लिकेशन्स प्रा. लि. के लिए
पॉप्युलर प्रकाशन प्रा. लि. द्वारा प्रकाशित
पॉप्युलर प्रकाशन प्रा. लि.
301, महालक्ष्मी चेंबर्स
22, भुलाभाई देसाई रोड
मुंबई - 400 026

प्रथम प्रकाशन 2008
द्वितीय पुनर्मुद्रण 2013

ISBN: 978-81-7028-933-3

चित्रांकन : ॐकार ग्राफिक्स
छायाचित्रण : अलिम बोलार

भारत में मुद्रित
साई प्रिंट ओ पॅक
नई दिल्ली - 110020

सह-प्रकाशक
राजपाल एण्ड सन्ज़
कश्मीरी गेट, दिल्ली - 110006
website: www.rajpalpublishing.com
e-mail : mail@rajpalpublishing.com

लेखक की कलम से

पनीर चाहे किसी भी नाम से जाना जाता हो, कॉटेज चीज़, चमन, छेना या घरेलू सफेद चीज़ आदि, हमेशा से भारतीय रसोई का एक अभिन्न अंग रहा है. इसके स्रोत के विषय में कई विवाद हैं. आदिकाल के वैदिक साहित्य में पनीर का उल्लेख पाया गया है, परन्तु कुछ पाकशास्त्रीय इतिहासकार, दूध के अम्लीकरण से चीज़ बनाने की विधि को पुर्तगालियों की देन मानते हैं. कुछ लोगों का विश्वास है कि ईरानी तथा मध्यपूर्व प्रभाव के कारण नर्म, सफेद चीज़ भारत में पसंद किया जाने लगा. साथ ही पनीर तथा 'बीन कर्ड' या 'टोफू' में कई समानताएँ देखी गई हैं (टोफू, दक्षिण पूर्वी एशिया के खान-पान का एक महत्त्वपूर्ण घटक है.)

पनीर का स्रोत चाहे कहीं भी और कोई भी हो आज प्रोटीन से भरपूर तथा दूध के सभी उच्च पोषण मूल्य संजोये, पनीर को माँसाहारी भोजन का एक स्वादिष्ट तथा पौष्टिक विकल्प माना जाता है. शाकाहारी लोग मानते हैं कि माँस तथा अंडों की कमी को पूर्ण करने की क्षमता पनीर में है. इसीलिये पनीर टिक्का मसाला, पनीर कोलीवडा, मालवणी पनीर मसाला तथा पनीर साटे आदि व्यंजन लोकप्रिय हैं.

यद्यपि भारत के लगभग सभी प्रांतों में भोजन में पनीर का उपयोग किया जाता है किन्तु पनीर के बारे में बंगाल सबमें दो कदम आगे ही है. नरम, मुलायम छेना बनाकर, उसे हल्के हाथों से गूंधना तथा उससे संदेश, रस मलाई, चमचम तथा रोशोगुल्ला जैसे मिष्टान्न बनाने की कला में बंगाली माहिर हैं.

एक नौसिखिया भी आसानी से इसे रसोईघर में बना सकता है. विभिन्न प्रकार के चीज़ में मात्र पनीर ही सबसे आसान विधि द्वारा घर में बनाया जा सकता है, इसीलिये इसका नाम 'कॉटेज चीज़' है. अन्य चीज़ की तरह पनीर बनाने के लिये न तो विशेष साधनों की आवश्यकता होती है और न जटिल तकनीक की. नींबू का रस सिरका या फटे दूध का तोड़, मलमल का कपड़ा और छलनी की सहायता से मिनटों में स्वादिष्ट पनीर बनाया जा सकता है.

पनीर बनाने की विधि –

1. एक लीटर दूध उबालें. उबलने पर तुरन्त दो बड़े चम्मच नींबू का रस या सिरका डालकर, चम्मच से लगातार दूध को चलाते हुए, धीमी आँच पर तब तक उबलने दें, जब तक दूध पूरी तरह फट कर छेना और पानी (तोड़) अलग-अलग न हो जाये.
2. पानी निथार कर, छेने को मलमल के कपड़े में बांध लें तथा इस पोटली को बर्फ के पानी में डुबो दें ताकि यह पूरी तरह ठंडा हो जाये. निचोड़ कर फिर से पानी निकाल लें.
3. पानी पूरी तरह से निकालने के लिये पनीर को भारी वजन के नीचे दबाकर रखें ताकि पनीर जम जाये.
4. मलाई पनीर के लिये, मलाईदार दूध का प्रयोग करें तथा उपरोक्त विधि द्वारा ही पनीर बनायें.

पनीर बनाने एवं उसके उपयोग के विषय में कुछ टिप्सः

- पनीर बनाते समय प्राप्त तोड़ को फेंके नहीं बल्कि अगली बार पनीर बनाने के लिये इसी तोड़ का उपयोग कर सकते हैं.
- तोड़ का उपयोग आटा गूंधने के लिये भी किया जा सकता है.
- नींबू के रस या सिरके द्वारा बनाया गया पनीर कड़ा होता है जबकि तोड़ द्वारा बनाया गया पनीर नरम और लच्छेदार होता है.
- पनीर को 2-3 दिन तक ताजा रखने के लिये इसे पानी में डुबोकर रेफ्रिजरेटर में रखें. हर 8 घंटे बाद पानी बदल दें.
- पनीर से यदि मिठाई बनानी हो तो इसे 10 मिनट से अधिक समय तक दबाकर न रखें जिससे इसमें कुछ नमी बाकी रहेगी. या फिर "पोटली" को अच्छी तरह दबाएं जिससे ज्यादा से ज्यादा तोड़ निकल जाए. उसे दबाकर न रखें.
- पनीर के सूखे व्यंजन को दुबारा गर्म करते समय, थोड़ा सा पानी छिड़कें, अन्यथा पनीर कड़ा और रबर की तरह बन जायेगा.
- जहाँ तक हो सके कुकिंग खत्म होने के बाद ही पनीर डालें.

हेप्पी कुकिंग !

अनुक्रमणिका

मेन कोर्स

राइस एण्ड ब्रेड

स्वीट्स एण्ड डेज़र्ट्स

मूँग एण्ड पनीर ब्रॉथ

सामग्री

100	ग्राम पनीर, ½ इंच के टुकड़ों में कटा हुआ
½	कप साबुत मूँग
	नमक स्वादानुसार
1	बड़ा चम्मच तेल
½	छोटा चम्मच जीरा
2-3	हरे प्याज, कटे हुए
1	इंच अदरक, कटा हुआ
3	हरी मिर्च, कटी हुई
1 ½	बड़े चम्मच नींबू का रस
1	कप उबले नूडल्स, तले हुए

विधि

1 साबुत हरे मूँग में दो कप पानी और नमक डालकर प्रेशर कुकर में अच्छी तरह पका लें. ठंडा होने पर इसे पीसकर चिकनी प्यूरी बना लें. इस प्यूरी को छानकर, इसमें चार से पाँच कप पानी डालकर अच्छी तरह मिलायें, जिससे एक पतला रसा बन जायेगा.

2 एक बड़े वोक (कड़ाही) में तेल गर्म करें और उसमें जीरा डाल दें. जब जीरे का रंग बदलने लगे तो इसमें हरे प्याज और अदरक डालकर, मध्यम आँच पर आधा मिनट भून लें.

3 फिर इसमें हरी मिर्च के टुकड़े मिलाकर, और आधा मिनट भून लें.

4 अब इसी मिश्रण में मूँग ब्रॉथ मिलाकर एक उबाल लायें. आँच धीमी कर नींबू का रस मिलायें तथा स्वादानुसार नमक डालकर, धीमी आँच पर बिना ढके पाँच मिनट पकायें.

5 पनीर मिलाकर, धीमी आँच पर और आधा मिनट उबालें.

6 बाउल में निकाल लें तथा तले हुए नूडल्स से सजाकर गरमा-गरम परोसें.

शेफ की सलाह

तले नूडल्स बनाने के लिये, नूडल्स को 6-8 कप नमकीन पानी में उबालें. पानी में एक बड़ा चम्मच तेल भी डालें तथा नूडल्स लगभग पकने तक पका लें. पकने पर पानी निथार लें तथा ठंडे पानी में डालें. फिर से एक बार पानी निथारकर एक बड़ी प्लेट में फैलाकर ठंडा करने के लिये रखें. अब नूडल्स को गर्म तेल में कुरकुरा तथा सुनहरा भूरा होने तक तलें तथा तेल सोखने वाले कागज पर निकालकर रखें, जिससे अतिरिक्त तेल निकल जाये.

मशरूम एण्ड पनीर क्लियर सूप

सामग्री

6 ताजे बटन मशरूम, फाँकें की हुई
150 ग्राम पनीर, कद्दूकस किया हुआ
½ बड़ा चम्मच मैदा
1 छोटा चम्मच तेल + तलने के लिये
2 हरे प्याज, कटे हुए
2 लहसुन की कलियाँ, कटी हुई
4-5 कप वेजिटेबल स्टॉक (पृष्ठ क्र. 13)
नमक स्वादानुसार
½ बड़ा चम्मच सोया सॉस
¼ छोटा चम्मच एमएसजी (ऐच्छिक)
1 सेलरी का डंठल, कटा हुआ
8-10 काली मिर्च, कुटी हुई
¼ कप ब्लान्च की हुई सेंवई
1½ छोटे चम्मच नींबू का रस
4-5 तुलसी की ताजी पत्तियाँ

विधि

1 कद्दूकस किए हुए पनीर को मैदे के साथ मिलाकर अच्छी तरह गूंधकर नरम आटा तैयार कर लें. गूंधे हुए मिश्रण को आठ समान भागों में बाँट कर गोले बना लें. एक कड़ाही में तेल गर्म कर उसमें पनीर तथा मैदे के गोले हल्के सुनहरे-भूरे रंग के होने तक तल लें तथा तेल सोखनेवाले कागज़

पर निकाल लें, जिससे अतिरिक्त तेल निकल जाये.

2 एक वोक में एक छोटा चम्मच तेल गर्म करें तथा इसमें हरे प्याज के टुकड़े तथा लहसुन डालकर, मध्यम आँच पर आधा मिनट भून लें. इसी वोक में मशरूम डालकर फिर से एक मिनट भून लें.

3 मिश्रण में वेजिटेबल स्टॉक मिलाकर एक उबाल लाएं.

4 नमक, सोया सॉस, एमएसजी, सेलरी तथा काली मिर्च डालकर, बिना ढके, चार या पाँच मिनट तक उबालें.

5 सेंवई, तले हुए पनीर के गोले तथा नींबू का रस डालकर अच्छी तरह मिला लें.

6 तुरन्त सूप बाउल में निकालकर, उसमें तुलसी की पत्तियाँ तोड़कर डालें तथा गरमा-गरम परोसें.

चित्र पृष्ठ क्र. 9 पर देखें

वेजिटेबल स्टॉक

एक पेन में 1 प्याज (फाँकें की हुई), 1 गाजर (फाँकें की हुई), एक 2-3 इंच सेलरी का डंठल, 2 लहसुन की कलियाँ, 1 तेजपत्ता, 5-6 काली मिर्च तथा 2-3 लौंग डालें और 5 कप पानी डालें. मिश्रण को एक उबाल आने दें, फिर 15 मिनट तक धीमी आँच पर उबालें तथा छान लें.

पनीर एण्ड पाइनेप्पल सेलेड

सामग्री

- 300 ग्राम पनीर, ½ इंच के टुकड़ों में कटा हुआ
- ½ छोटा ताजा अनानास (पाइनेप्पल) ½ इंच के टुकड़ों में कटा हुआ
- 1 बड़ी ककड़ी, बिना छिले, 1 इंच के टुकड़ों में कटी हुई
- 1 मध्यम आकार की शिमला मिर्च 1 इंच के टुकड़ों में कटी हुई
- ½ छोटा आइसबर्ग लेट्यूस हेड
- 6-8 काले जैतून, गुठली निकाल कर गोल फाँक किये हुए
- 1 छोटा चम्मच लहसुन पेस्ट
- 1 बड़ा चम्मच नींबू का रस
- 1 छोटा चम्मच लाल मिर्च पाउडर
- ½ छोटा चम्मच मिक्स्ड ड्राइड हर्ब्स
- नमक स्वादानुसार
- 1½ बड़े चम्मच तेल

ड्रेसिंग

- 3 बड़े चम्मच सेलेड ऑइल
- 4 बड़े चम्मच सिरका
- 1 छोटा चम्मच चीनी
- 1 छोटा चम्मच राई पाउडर
- 5-6 काली मिर्च, कुटी हुई
- ½ छोटा चम्मच सफेद मिर्च पाउडर

विधि

1 एक बाउल में लहसुन पेस्ट, नींबू का रस, लाल मिर्च पाउडर, ड्राइड हर्ब्स तथा नमक डालकर मिलाएँ. इस मिश्रण में पनीर के टुकड़े डालकर अच्छी तरह हिलाएँ तथा पंद्रह से बीस मिनट तक, मेरिनेट होने के लिये, रेफ्रिजरेटर में रखें.

2 ड्रेसिंग की सारी सामग्री को एक साथ मिलायें.

3 एक सीख़ में पनीर के टुकड़े पिरोयें. तवे पर तेल गरम करें और उस पर सीख़ों को रखकर पनीर भूनें. सीख़ को बीच बीच में घुमाते रहें ताकि पनीर सब तरफ से भूरा हो जाये. अब पनीर के टुकड़े सीख़ से निकाल लें तथा ठंडे होने के लिये रखें.

4 एक बड़े सर्विंग बाउल में ग्रिल किया हुआ पनीर, अनानास, ककड़ी तथा शिमला मिर्च के टुकड़े, हाथ से बड़े-बड़े टुकड़े किए हुए लेट्यूस के पत्ते तथा जैतून लेकर अच्छी तरह मिलायें.

5 इस मिश्रण पर ड्रेसिंग डालें तथा ऊपर नीचे उछालकर सलाद अच्छी तरह मिला लें. तुरन्त परोसें.

चित्र पृष्ठ क्र. 10 पर देखें

पनीर एण्ड लेमन ग्रास सूप

सामग्री

200 ग्राम पनीर, ½ इंच के टुकडों में कटा हुआ
1 इंच लेमन ग्रास, कटी हुई
1 छोटा चम्मच तेल
3 लहसुन की कलियाँ, कटी हुई
4-5 कप वेजिटेबल स्टॉक (पृष्ठ क्र. 16)
1 ताजी लाल मिर्च, गोल कटी हुई
नमक स्वादानुसार
चुटकीभर एमएसजी (ऐच्छिक)
½ छोटा चम्मच नींबू का रस
2-3 हरे प्याज की पत्तियाँ, गोल कटी हुई

विधि

1 एक बड़े वोक में तेल गर्म करें तथा कटी हुई लहसुन डालकर आधा मिनट धीमी आँच पर भूनें.

2 लेमन ग्रास डालें और आधे मिनट तक भूनें.

3 वोक में वेजिटेबल स्टॉक डालकर एक उबाल लाएँ और फिर आँच धीमी कर, ताजी लाल मिर्च, नमक और एमएसजी डालकर बिना ढके पाँच मिनट बीच-बीच में हिलाते हुए उबाल लें.

4 पनीर तथा नींबू का रस मिलाकर अच्छी तरह हिलाएँ तथा एक मिनट के लिये उबलने दें.

5 सूप को वोक से सर्विंग बाउल में निकाल लें तथा हरे प्याज की पत्तियों से सजाकर गरमा-गरम परोसें.

सरप्राइज़ ऑरेंज सेलेड

सामग्री

200 ग्राम पनीर, ½ इंच के टुकड़ों में कटा हुआ
2 संतरे, फाँकें अलग की हुई
1 बड़ी ककड़ी, बीज निकालकर ½ इंच के टुकड़ों में कटी हुई
1 मध्यम आकार की हरी शिमला मिर्च, ½ इंच के टुकड़ों में कटी हुई
¼ कप अनार के दाने

ड्रेसिंग

1½ बड़े चम्मच नींबू का रस
1 बड़ा चम्मच शहद
नमक स्वादानुसार
3-4 काली मिर्च, कुटी हुई
6-8 तुलसी की ताजी पत्तियाँ

विधि

1 पनीर के टुकड़े, संतरे की फाँकें, ककड़ी, शिमला मिर्च के टुकड़े और अनार के दाने एक बड़े से बाउल में डालकर अच्छी तरह मिलायें तथा ठंडे हाने के लिये रेफ्रिजरेटर में रखें.

2 ड्रेसिंग की सामग्री को एक छोटे बाउल में लेकर अच्छी तरह हिलाकर मिलायें.

3 इस ड्रेसिंग को पनीर तथा संतरे के टुकड़ों पर डालकर अच्छी तरह ऊपर नीचे उछालकर मिलायें तथा परोसें.

पनीर एण्ड कॉर्न सेलेड

सामग्री

200 ग्राम पनीर, ½ इंच के टुकड़ों में कटा हुआ
1 कप स्वीट कॉर्न के दाने, उबले हुए
1 मध्यम आकार की हरी शिमला मिर्च, ½ इंच के टुकड़ों में कटी हुई
¼ मध्यम आकार का आइसबर्ग लेट्यूस हेड

ड्रेसिंग

¾ कप मेयोनीज
1 बड़ा चम्मच टोमेटो केचप
1 छोटा चम्मच टोबॅस्को सॉस
3-4 हरे या काले जैतून, गुठली निकालकर काटे हुए
2 छोटी ककड़ी, सिरके में डली हुई
2-3 कटे हुए प्याज, सिरके में डले हुए

विधि

1 एक बड़े से बाउल में पनीर के टुकड़े, स्वीट कॉर्न के दाने, शिमला मिर्च के टुकड़े तथा हाथ से तोड़े गये आइसबर्ग लेट्यूस लेकर अच्छी तरह मिलायें.

2 एक छोटे बाउल में ड्रेसिंग की सारी सामग्री लेकर अच्छी तरह मिलायें.

3 सलाद पर ड्रेसिंग डालकर, ऊपर-नीचे उछालकर अच्छी तरह मिलायें तथा तुरन्त परोसें.

क्रुडिटेस् विद हर्ब्ड पनीर डिप

सामग्री

1 बड़ी गाजर, 2 इंच लंबे पतले टुकड़ों में कटी हुई
1 बड़ी ककड़ी, बीज निकालकर 2 इंच लंबे पतले टुकड़ों में कटी हुई
6-8 बेबी कॉर्न, ब्लान्च किए हुए
1 छोटी मूली, 2 इंच लंबे पतले टुकड़ों में कटी हुई
2 मध्यम आकार के टमाटर, चार टुकड़ों में कटे हुए

डिप

¾ कप कद्दूकस किया हुआ पनीर
¾ कप पानी निकाला हुआ गाढ़ा दही
1 बड़ा चम्मच कटी हुई ताजी पार्स्ले,
नमक स्वादानुसार
½ बड़ा चम्मच जैतून का तेल
1 बड़ा चम्मच बारीक कटी व भूनी हुई लहसुन

विधि

1 कटी सब्जियों (क्रुडिटेस्) को एक सर्विंग प्लेटर में सजाकर ठंडी होने के लिये, रेफ्रिजरेटर में रखें.

2 डिप बनाने के लिये कद्दूकस किये हुए पनीर, गाढ़े दही, पार्स्ले तथा नमक को ब्लेंडर में चिकना होने तक पीसें.

3 मिश्रण को सर्विंग बाउल में निकाल लें. इसमें जैतून का तेल तथा ऊपर से भुनी हुई लहसुन डालें.

4 ठंडी सब्जियों के साथ परोसें.

शेफ की सलाह

भुनी लहसुन बनाने के लिये, दो बड़े चम्मच लहसुन के टुकड़े, 3-4 बड़े चम्मच तेल में हल्के सुनहरे होने तक तलें और तुरंत निकाल लें.

पनीर टिक्का मसाला पिज़्ज़ा

सामग्री

- 2 नौ इंच का पिज़्ज़ा बेस
- 1 भाग पनीर टिक्का मसाला (पृष्ठ क्र. 45)
- ½ कप स्वीट कॉर्न के दाने, उबले हुए
- 1 मध्यम आकार की हरी शिमला मिर्च, गोल छल्लों में कटी हुई
- 1 बड़ा प्याज, गोल छल्लों में कटा हुआ
- 1 कप कद्दूकस किया हुआ मोज़रेला चीज़
- ½ छोटा चम्मच सूखा ओरेगॉनो
- ½ छोटा चम्मच रेड चिली फ्लेक्स

विधि

1 अवन को 180°C. पर पहले से ही गरम करें।

2 दोनों पिज़्ज़ा बेस पर आधा-आधा पनीर टिक्का मसाला फैलायें.

3 एक पिज़्ज़ा बेस पर मकई के दानों का आधा हिस्सा, शिमला मिर्च तथा प्याज के छल्लों को पनीर पर सजायें. ऊपर से कद्दूकस किया हुआ मोज़रेला चीज़ डालें और आधे ओरेगॉनो तथा रेड चिली फ्लेक्स छिड़क दें.

4 पिज़्ज़ा बेकिंग ट्रे में रखकर दस से पंद्रह मिनट तक या चीज़ पिघलने और पिज़्ज़ा कुरकुरा हो जाने तक बेक करें.

5 छः से आठ टुकड़े काटकर गरमा-गरम परोसें.

चित्र पृष्ठ क्र. 19 पर देखें

स्मोकी पनीर रैप्स

सामग्री

- 300 ग्राम पनीर, पतली पट्टियों में कटा हुआ
- 4 गेहूँ के आटे की रूमाली रोटियाँ
- 2 बड़े चम्मच सिरका
- 2 हरी मिर्च, गोल पतली फाँकें की हुई
- 2 बड़े चम्मच तेल
- ½ छोटा चम्मच लहसुन पेस्ट
- ½ छोटा चम्मच अदरक पेस्ट
- 1 छोटा प्याज, फाँकें किया हुआ
- 1 मध्यम आकार की हरी शिमला मिर्च, पट्टियों में कटी हुई
- 1 छोटा चम्मच लाल मिर्च पाउडर
- ¼ छोटा चम्मच हल्दी
- 1 छोटा चम्मच अमचूर
- नमक स्वादानुसार
- ½ कप अंकुरित मूँग
- 1 बड़ा चम्मच घी
- 4 लेट्यूस की बड़ी पत्तियाँ

विधि

1 एक बाउल में सिरका तथा हरी मिर्च को मिला लें.

2 एक पेन में तेल गरम कर, उसमें लहसुन पेस्ट और अदरक पेस्ट डालकर आधे मिनट तक भून लें. फिर इसमें प्याज डालकर और आधे मिनट तक भूनें.

3 अब शिमला मिर्च, लाल मिर्च पाउडर, हल्दी, अमचूर, नमक तथा पनीर डालकर, मध्यम आँच पर दो मिनट तक भूनें.

4 अंकुरित बीन्स डालकर और एक मिनट तक पकायें. आँच पर से उतार कर एक तरफ रख दें.

5 धुएँ जैसा स्वाद प्राप्त करने के लिये, कोयले का एक जलता हुआ टुकड़ा, एक छोटे बाउल में रखकर, उसे पनीर के मिश्रण के बीच में रख दें. जलते हुए कोयले पर एक चम्मच घी डालकर तुरन्त ढक्कन रख दें. तीन-चार मिनट ऐसे ही रहने दें. बाद में बाउल निकाल लें.

6 रैप्स बनाने के लिये, पनीर के मिश्रण को चार समान भागों में विभाजित करें. हर एक रुमाली रोटी पर एक लेट्यूस की पत्ती बिछाकर, पनीर के मिश्रण का एक भाग रोटी पर फैला दें. ऊपर से आधा छोटा चम्मच चिली-विनेगर (सिरका तथा मिर्चों का मिश्रण) डाल दें.

7 रोटी को रोल करके, ॲल्युमिनियम के फॉइल में लपेट कर तुरन्त परोसें.

चित्र पृष्ठ क्र. 20 पर देखें

पनीर साटे

सामग्री

500 ग्राम पनीर, 2 इंच मोटे और पतले टुकड़ों में कटा हुआ
नमक स्वादानुसार
2 बड़े चम्मच सोया सॉस
1 छोटा चम्मच नींबू का रस
4 लहसुन की कलियाँ, मसली हुई
1 इंच अदरक, मसला हुआ
2 छोटे चम्मच ब्राउन शुगर
2 छोटे चम्मच शहद

पीनट सॉस

1 बड़ा चम्मच तेल
1 छोटा प्याज, कटा हुआ
½ इंच अदरक, कुचला हुआ
4 लहसुन की कलियाँ, कुचली हुई
1 बड़ा चम्मच सोया सॉस
6 बड़े चम्मच पीनट बटर
4 बड़े चम्मच नारियल का दूध
1 बड़ा चम्मच नींबू का रस
नमक स्वादानुसार
1 बड़ा चम्मच शहद
1 ताजी लाल मिर्च, बीज निकालकर काटी हुई

विधि

1 पनीर के टुकड़ों को एक बाउल में रखें. इसमें नमक, सोया सॉस, नींबू का रस, लहसुन, अदरक, ब्राउन शुगर तथा शहद अच्छी तरह मिला लें तथा मेरिनेट होने के लिये एक घंटा रेफ्रिजरेटर में रखें.

2 एक तवे पर या ग्रिडल पर तेल गर्म करें. मेरीनेटेड पनीर को सीख़ में पिरोकर तवे या ग्रिडल पर रखें. बचे हुए मेरीनेड को पनीर पर डालें और पकायें. सीख़ों को घुमाते रहें, जिससे पनीर सभी ओर से एक सा भूरा हो जाये.

3 पीनट सॉस बनाने के लिये, एक पेन में तेल गर्म करें तथा इसमें प्याज के टुकड़े डालकर कुछ मिनट तक भून लें.

4 लहसुन तथा अदरक डालकर भूनते रहें. इसमें सोया सॉस, पीनट बटर और दो बड़ा चम्मच पानी डालकर हिलायें. फिर नारियल का दूध, नींबू का रस, नमक तथा शहद डालकर अच्छी तरह मिलायें.

5 ताजी लाल मिर्च के टुकड़े डालकर आँच पर से उतार लें.

6 पनीर साटे को पीनट सॉस के साथ परोसें.

क्रंची पनीर

सामग्री

300 ग्राम पनीर, 1 इंच के टुकड़ों में कटा हुआ
¼ कप मैदा
1 बड़ा चम्मच तेल + तलने के लिये
½ इंच अदरक, कटा हुआ
2 लहसुन की कलियाँ, कटी हुई
¼ सेलरी के डंठल, कटे हुए
नमक स्वादानुसार
5-6 काली मिर्च, कुटी हुई
चुटकीभर एमएसजी (ऐच्छिक)
½ बड़ा चम्मच डार्क सोया सॉस
½ छोटा चम्मच चीनी
1 छोटा चम्मच सिरका
2 हरे प्याज की पत्तियाँ, गोल काटी हुई

बेटर

¾ कप कॉर्नफ्लोर
6 बड़े चम्मच मैदा
½ छोटा चम्मच बेकिंग पाउडर
नमक स्वादानुसार

विधि

1 पनीर के टुकड़ों पर मैदा लपेट लें.

2 बेटर की सारी सामग्री को एक साथ मिलाकर उसमें पौन कप + डेढ़ बड़े चम्मच ठंडा पानी डालकर बलून व्हिस्क से खूब अच्छी तरह फेंट लें ताकि वह चिकना हो जाये.

3 एक बड़े वोक में तेल गर्म करें तथा पनीर के टुकड़ों को बेटर में डुबोकर सुनहरे और कुरकुरे होने तक तल लें. तेल सोखने वाले कागज़ पर निकाल लें ताकि अतिरिक्त तेल निकल जाये.

4 एक वोक में एक बड़ा चम्मच तेल गर्म कर, उसमें अदरक तथा लहसुन डालकर मध्यम आँच पर, आधा मिनट भून लें.

5 सेलरी डालकर और आधा मिनट भूनें.

6 अब तला हुआ पनीर, नमक, कुटी हुई काली मिर्च, एमएसजी, सोया सॉस, चीनी तथा सिरका डालकर, तेज आँच पर एक मिनट पकायें. पकाते समय लगातार मिश्रण को हिलाते तथा उछालते रहें.

7 हरे प्याज की पत्तियों से सजाकर, गरमा-गरम परोसें.

हरे मटर और पनीर के शामी कबाब

सामग्री

½ कप ताजे मटर के दाने, दरदरे पीसे हुए
350 ग्राम पनीर
300 ग्राम सूरन, उबालकर, मसला हुआ
1 बड़ा चम्मच तेल + भूनने के लिये (शेलो फ्राय)
1 छोटा चम्मच जीरा
1 इंच अदरक, कटी हुई
6 हरी मिर्च, कटी हुई
नमक स्वादानुसार
2 बड़े चम्मच कटी हुई ताजी धनिये की पत्तियाँ
¼ छोटा चम्मच हल्दी
1 छोटा चम्मच गरम मसाला पाउडर
1½ छोटा चम्मच लाल मिर्च पाउडर
½ छोटा चम्मच चाट मसाला
½ छोटा चम्मच आमचूर
2 बड़े चम्मच कॉर्नफ्लोर

चित्र पृष्ठ क्र. 29 पर देखें

विधि

1 पनीर को कद्दूकस कर अच्छी तरह गूंध लें ताकि वह मुलायम हो जाये.

2 एक पेन में एक बड़ा चम्मच तेल गर्म करें. इसमें जीरा डालें, जब जीरे का रंग बदलने लगे तो हरी मटर, अदरक, हरी मिर्चें तथा नमक डालकर, मध्यम आँच पर दो मिनट तक भूनें. फिर इस मिश्रण को एक प्लेट में निकाल कर ठंडा होने के लिये एक तरफ रखें.

3 एक बड़े बाउल में पनीर लेकर, उसमें भूने हुए मटर, सूरन, हरी धनिया पत्ती, हल्दी, गरम मसाला, लाल मिर्च पाउडर, चाट मसाला, अमचूर तथा कॉर्नफ्लोर डालकर अच्छी तरह मिला लें.

4 इस मिश्रण के सोलह भाग करें तथा हर भाग के नींबू जितने बड़े गोले बनाकर इन गोलों को हलके से दबाकर कबाब का रूप दें.

5 एक फ्राइंग पेन में तेल गरम करें, मध्यम आँच पर इन कबाबों को भूनें तथा सुनहरा होने पर निकाल कर तेल सोखने वाले कागज़ पर रख दें.

6 टोमेटो सॉस या हरे धनिये और पुदीने की चटनी (पृष्ठ क्र. 37) के साथ गरमा-गरम परोसें.

पापड़ पनीर रोल्स

सामग्री

8 मध्यम आकार के उड़द दाल के पापड़

150 ग्राम पनीर, ½ इंच के टुकड़ों में कटा हुआ

1-2 हरी मिर्च, कटी हुई

½ छोटा चम्मच लाल मिर्च पाउडर

½ छोटा चम्मच जीरा पाउडर

1 छोटा चम्मच चाट मसाला

2 बड़े चम्मच ताजी कटी हुई धनिया पत्ती

½ इंच अदरक, कटी हुई

नमक स्वादानुसार

विधि

1 एक बाउल में पनीर के टुकड़े, हरी मिर्च, लाल मिर्च पाउडर, जीरा पाउडर, चाट मसाला, हरी धनिया पत्ती, अदरक और नमक लेकर मिला लें.

2 हर पापड़ के दो टुकड़े करें तथा इन्हें आँच पर भून लें या तवे पर भूनें तथा तुरन्त ही कोण की आकृति में लपेट लें.

3 एक गहरे बाउल में सारे कोण सजाकर, उनमें पनीर का मिश्रण भर दें.

4 तुरन्त परोसें.

चित्र पृष्ठ क्र. 30 पर देखें

मालवणी पनीर फ्राय

सामग्री

300 ग्राम पनीर, 1½ इंच के टुकड़ों में कटा हुआ
नमक स्वादानुसार
1½ बड़े चम्मच नींबू का रस
¾ छोटा चम्मच हल्दी
3 बड़े चम्मच लाल मिर्च पाउडर
1½ छोटे चम्मच अदरक का पेस्ट
1½ छोटे चम्मच लहसुन का पेस्ट
तेल, भूनने के लिये
4 बड़े चम्मच चावल का आटा
4 बड़े चम्मच रवा (सूजी)

विधि

1 एक बाउल में नींबू का रस तथा नमक मिलाकर उसमें पनीर के टुकड़ों को पंद्रह मिनट के लिये मेरिनेट करें. रेफ्रिजरेटर में रखें तो बेहतर.

2 हल्दी, लाल मिर्च पाउडर, अदरक-लहसुन के पेस्ट को एकत्रित कर उसे पनीर के टुकड़ों में अच्छी तरह मिलायें. फिर उसे पंद्रह से बीस मिनट तक रेफ्रिजरेटर में रखें. नमक डालें.

3 एक उथले पेन में तेल गर्म करें. एक प्लेट में चावल का आटा और सूजी मिलाकर फैलायें तथा पनीर के टुकड़ों को इसमें लपेट लें और पेन में सुनहरे और कुरकुरे होने तक भूनें.

4 तेल सोखने वाले कागज़ पर निकाल लें, तथा गरमा-गरम परोसें.

पनीर दी सोटी बोटी

सामग्री

225 ग्राम पनीर, ½ इंच के टुकड़ों में कटा हुआ
1 बड़ा प्याज, ½ इंच के चौकोर टुकड़ों में कटा हुआ
1 बड़ा टमाटर, ½ इंच के चौकोर टुकड़ों में कटा हुआ
1 बड़ी हरी शिमला मिर्च, ½ इंच के चौकोर टुकड़ों में कटी हुई
1 कप बेसन
नमक स्वादानुसार
½ बड़ा चम्मच लाल मिर्च पाउडर
½ छोटा चम्मच चाट मसाला
½ छोटा चम्मच गरम मसाला पाउडर
½ बड़ा चम्मच अदरक पेस्ट
½ बड़ा चम्मच लहसुन पेस्ट
¼ कप दही
तलने के लिये तेल

विधि

1 पनीर तथा सब्जियों के टुकड़ों को सीख़ों में इस क्रम में पिरोएँ : प्याज, पनीर, टमाटर, शिमला मिर्च, पनीर तथा शिमला मिर्च.

2 एक बाउल में बेसन, नमक, लाल मिर्च पाउडर, चाट मसाला, गरम मसाला पाउडर,

अदरक तथा लहसुन का पेस्ट डालकर अच्छी तरह मिला लें.

3 अब इस मिश्रण में आधा कप पानी डालकर मिलायें, फिर दही डालकर अच्छी तरह मिला लें. आवश्यकता हो तो थोड़ा और पानी डालकर घोल तैयार कर लें.

4 एक कड़ाही में तेल गर्म करें. पनीर और सब्जियों की बोटी को बेसन के घोल में डुबोकर, मध्यम आँच पर सुनहरा तथा कुरकुरा होने तक तल लें. तेल सोखने वाले कागज़ पर निकाल लें जिससे अतिरिक्त तेल निकल जाये.

5 हरे धनिये तथा पुदीने की चटनी के साथ गरमा-गरम परोसें.

हरे धनिये तथा पुदीने की चटनी

1 *कप हरे धनिये की ताजा पत्तियाँ,* ½ *कप ताजा पुदीना,* 2-3 *हरी मिर्च, स्वादानुसार काला नमक,* ½ *छोटा चम्मच चीनी,* 1 *बड़ा चम्मच नींबू का रस तथा आवश्यकता पड़ने पर थोड़ा सा पानी डालकर, बिल्कुल महीन पीस लें.*

पनीर एण्ड केप्सिकम फुट-लॉन्ग

सामग्री

250 ग्राम पनीर, 1 इंच की चौड़ी पट्टियों में कटा हुआ
1 छोटी लाल शिमला मिर्च
1 छोटी पीली शिमला मिर्च
1 छोटी हरी शिमला मिर्च
1 बारह इंच का "फुट-लॉन्ग" लोफ
2 बड़े चम्मच जैतून का तेल
3 लहसुन की कलियाँ, बारीक टुकड़े की हुई
नमक स्वादानुसार
2 हेलोपिनो चिली, पतली पट्टियों में कटी हुई
8-10 काली मिर्च, कुटी हुई
2 बड़े चम्मच मक्खन
2 छोटे चम्मच इंग्लिश मस्टर्ड
4 लेट्यूस की बड़ी पत्तियाँ
2 चीज़ की स्लाइस, तिकोनी आकार में कटी हुई
6-8 तुलसी की ताजी पत्तियाँ

विधि

1 शिमला मिर्च पर थोड़ा सा जैतून का तेल मलें. इन्हें लोहे की सीख़ में पिरोकर या काँटे में फँसाकर, मध्यम आँच पर तब तक भूनें जब तक वे कुछ झुलस न जायें. फिर इन्हें तुरन्त ठंडे पानी में डुबोयें. निकाल कर छील लें एवं बीज निकाल लें एवं पतली पट्टियों में काट लें.

2 एक पेन में दो बड़े चम्मच जैतून का तेल गर्म करें. लहसुन डालकर आधे मिनट तक भूनें. पनीर की पट्टियाँ, भुनो हुई शिमला मिर्च की पट्टियाँ, नमक, हेलोपिनो चिली तथा कुटी हुई काली मिर्च डालकर, दो मिनट तक पकायें. पकाते समय लगातार मिश्रण को हिलाते रहें और ऊपर नीचे उछालकर मिला लें और फिर एक प्लेट में निकाल कर ठंडा होने के लिये रख दें.

3 लोफ को बीच से काटकर छः इंच के दो लोफ बनायें. हर एक लोफ को एक बोर्ड पर रखकर, एक दाँतेदार चाकू से बीच से आड़ा काट लें. अब लोफ के पहले आधे भाग पर मक्खन लगायें तथा दूसरे आधे भाग पर इंग्लिश मस्टर्ड लगायें.

4 लोफ के मक्खन लगे भाग पर दो लेट्यूस की पत्तियाँ बिछाकर उस पर चीज़ के दो तिकोन रखें. और उसके ऊपर पनीर और शिमला मिर्च का मिश्रण भरपूर मात्रा में लोफ पर रखें, तुलसी की पत्तियों को तोड़ कर उसमें डालें.

5 लोफ के दूसरे हिस्से को ऊपर ढक्कन की तरह रख दें. अब इस सैंडविच को ॲल्युमिनियम फॉईल में लपेट कर या पेपर नेपकिन में लपेट कर तुरन्त परोसें.

पनीर एण्ड पीनट समोसा

सामग्री

कवर

1½ कप मैदा + पलेथन के लिये
नमक स्वादानुसार
½ छोटा चम्मच अजवाइन
6 बड़े चम्मच गुनगुना घी
तलने के लिये तेल

भरावन

600 ग्राम पनीर, कद्दूकस किया हुआ
¼ कप मूँगफली के दाने, दरदरे पीसे हुए
2 बड़े चम्मच तेल
1 छोटा चम्मच जीरा
1 मध्यम आकार का प्याज, काटा हुआ
3-4 हरी मिर्च, कटी हुई
1 इंच अदरक, कटी हुई
2 बड़े चम्मच किशमिश
नमक स्वादानुसार
1½ छोटे चम्मच लाल मिर्च पाउडर
2 बड़े चम्मच हरे धनिये की ताजी पत्तियाँ, कटी हुई
2 छोटे चम्मच चाट मसाला

विधि

1 कवर के लिये एक बड़े से बाउल में मैदे को नमक के साथ छान लें. इसमें अजवाइन, गुनगुना घी तथा पाव कप और दो बड़े चम्मच पानी डालकर कड़ा

चित्र पृष्ठ क्र. 40 पर देखें

गूंध लें. इस आटे को गीले कपड़े से ढककर, पंद्रह मिनट तक रख दें.

2 भरावन बनाने के लिये एक पेन में तेल गर्म करें. इसमें जीरा डालें और जब जीरे का रंग बदलने लगे तो प्याज डालकर दो मिनट तक मध्यम आँच पर भूनें. हरी मिर्च और अदरक डालकर और एक मिनट तक भूनें.

3 इस मिश्रण में मूंगफली के दाने, किशमिश, नमक, लाल मिर्च पाउडर, हरे धनिये की पत्तियाँ तथा चाट मसाला डालकर दो मिनट पकायें. पकाते समय मिश्रण को लगातार चलाते रहें.

4 कद्दूकस किया हुआ पनीर डालकर अच्छी तरह मिलायें, अब इस मिश्रण को एक प्लेट में निकाल कर ठंडा होने दें.

5 समोसे बनाने के लिये आटे को चार समान भागों में बाँटकर गोल लोइयाँ बना लें. इन लोइयों पर मैदा छिड़ककर, चार इंच चौड़ी, अण्डाकार रोटियाँ बेल लें.

6 इन रोटियों को बीच से काटकर दो टुकड़े कर लें. तथा इनके किनारों पर पानी लगा दें. रोटी के हर आधे हिस्से को कोण का आकार दे दें. भरावन को इसमें भरकर, किनारों को दबा दें.

7 एक कड़ाही में तेल गर्म करें, तथा मध्यम आँच पर एक साथ दो समोसे डालकर सुनहरे-भूरे तथा कुरकुरे होने तक तल लें. तले हुए समोसों को तेल सोखने वाले कागज पर रखें ताकि अतिरिक्त तेल निकल जाये. गरमा-गरम परोसें.

पनीर कोलिवडा

सामग्री

300 ग्राम पनीर
½ कप बेसन
½ छोटा चम्मच जीरा पाउडर
2 छोटे चम्मच कश्मीरी लाल मिर्च पाउडर
नमक स्वादानुसार
1 बड़ा चम्मच अदरक पेस्ट
1 बड़ा चम्मच लहसुन का पेस्ट
2 बड़े चम्मच दही
2 बड़े चम्मच नींबू का रस
तलने के लिये तेल
½ छोटा चम्मच चाट मसाला

विधि

1 पनीर को तीन इंच लंबे, आधा इंच चौड़े और आधा इंच मोटे टुकड़ों में काट लें.

2 बेसन में जीरा पाउडर, कश्मीरी लाल मिर्च पाउडर, नमक, अदरक और लहसुन का पेस्ट, दही, नींबू का रस और थोड़ा पानी डालकर, गाढ़ा घोल बना लें. इसे अधिक कुरकुरा बनाने के लिये, इसमें एक बड़ा चम्मच कॉर्नफ्लोर डालें.

3 पनीर को इस घोल में आधे घंटे तक मेरीनेट करें.

4 कड़ाही में तेल गर्म करें तथा पनीर कुरकुरे होने तक तल लें.

5 चाट मसाला छिड़ककर, गरमा-गरम परोसें.

पनीर टिक्का मसाला

सामग्री

500 ग्राम पनीर, 1 इंच के टुकड़ों में कटा हुआ
2 मध्यम आकार की हरी शिमला मिर्च, 1 इंच के टुकड़ों में कटी हुई
4 बड़े चम्मच तेल
1 बड़ा चम्मच मक्खन

मेरीनेड

1 कप पानी निकाला हुआ गाढ़ा दही
1 बड़ा चम्मच अदरक की पेस्ट
1 बड़ा चम्मच लहसुन की पेस्ट
2 छोटे चम्मच कश्मीरी लाल मिर्च पाउडर
1 छोटा चम्मच गरम मसाला पाउडर
2 बड़े चम्मच नींबू का रस
नमक स्वादानुसार
2 बड़े चम्मच सरसों का तेल

प्याज-टमाटर मसाला

2-3 बड़े चम्मच तेल
1 छोटा चम्मच जीरा
4 मध्यम आकार के प्याज, कटे हुए
7-8 लहसुन की कलियाँ, कटी हुई
1 छोटा चम्मच अदरक का पेस्ट
1 छोटा चम्मच लहसुन का पेस्ट
3 बड़े टमाटर, कटे हुए

नमक स्वादानुसार

¼ कप टमाटर की प्यूरी

1¼ बड़े चम्मच लाल मिर्च पाउडर

¼ छोटा चम्मच हल्दी

1 छोटा चम्मच धनिया पाउडर

1 छोटा चम्मच जीरा पाउडर

1 बड़ा चम्मच ताज़ा हरा धनिया, कटा हुआ

1 छोटा चम्मच सूखी मेथी (कसूरी मेथी) मसली हुई

1 छोटा चम्मच गरम मसाला पाउडर

¼ कप मलाई

विधि

1 टिक्का बनाने के लिये, मेरीनेड की सामग्री को एकत्रित करें तथा अच्छी तरह फेंट लें. इस मेरीनेड में पनीर के टुकड़े डालकर आधे घंटे के लिए रेफ्रिजरेटर में रख दें.

2 धातु की सीख़ में मेरीनेटेड पनीर के टुकड़े पिरो दें. एक तवे पर तेल गर्म कर, सीख़ को तवे पर रखें. सीख़ को घुमाते हुए पनीर को सभी तरफ से भूरा होने तक अच्छी तरह भून लें. अब इन टुकड़ों को सीख़ से निकालकर एक प्लेट में, ठंडा होने के लिये रखें.

3 प्याज-टमाटर मसाला बनाने के लिये एक पेन में तेल गर्म करें. इसमें जीरा डाल दें और

जब जीरे का रंग बदलने लगे तो प्याज डालकर अच्छी तरह भूरा रंग आने तक भूनते रहें.

4 लहसुन डालकर तब तक भूनें जब तक वह हल्के भूरे रंग की न हो जाये. इसमें अदरक तथा लहसुन का पेस्ट डालकर एक मिनट के लिये भूनें.

5 पेन में टमाटर तथा नमक डालकर ऊपर ढक्कन रखें तथा धीमी आँच पर तब तक पकायें, जब तक टमाटर नरम तथा गूदेदार न दिखने लगे.

6 टमाटर की प्यूरी, लाल मिर्च पाउडर, हल्दी, धनिया पाउडर, जीरा पाउडर तथा आधा कप पानी डालकर ढक्कन रख दें तथा मध्यम आँच पर तीन से चार मिनट या तेल छूटने तक पकायें.

7 अब हरा धनिया, कसूरी मेथी, गरम मसाला पाउडर तथा मलाई डालकर अच्छी तरह मिलायें और दो मिनट तक और पकने दें.

8 अब इस मिश्रण में पनीर तथा शिमला मिर्च डालकर हल्के हाथों से हिलाएं तथा मक्खन डालकर परोसें.

कड़ाही पनीर

सामग्री

500 ग्राम पनीर, 1 इंच के तिकोने टुकड़ों में कटा हुआ
3 बड़े चम्मच तेल
2 तेजपत्ते
2 लौंग
2 एक इंच के दालचीनी के टुकड़े
2 सूखी लाल मिर्च, तोड़कर आधी की हुई
2 बड़े चम्मच धनिया, दरदरा पिसा
1 मध्यम आकार का प्याज, फाँकें किया हुआ
2 छोटे चम्मच अदरक पेस्ट
2 छोटे चम्मच लहसुन पेस्ट
1 छोटा चम्मच धनिया पाउडर
1 छोटा चम्मच लाल मिर्च पाउडर
5-6 मध्यम आकार के टमाटर, कटे हुए
नमक स्वादानुसार

विधि

1 एक कड़ाही में तेल गर्म करें. इसमें तेजपत्ते, लौंग, दालचीनी, लाल मिर्च तथा दरदरे पिसे हुए धनिये का आधा हिस्सा डालकर, लगभग आधे मिनट तक भूनें.

2 प्याज डालकर और कुछ देर तक भून लें. फिर अदरक और लहसुन का पेस्ट डालकर और कुछ देर के लिये भूनें.

3 धनिया पाउडर, लाल मिर्च पाउडर तथा टमाटर डालकर, तेज आँच पर तब तक पकायें जब तक तेल अलग न होने लगे.

4 पनीर, नमक तथा आधा कप पानी डालकर कड़ाही पर ढक्कन रखें तथा धीमी आँच पर पाँच मिनट तक पकायें.

5 बचे हुए दरदरे पिसे हुए धनिये से सजाकर गरमा-गरम परोसें.

शेफ की सलाह

अलग स्वाद के लिये 1 हरी शिमला मिर्च के 1 इंच के टुकड़े डालें.

दम पनीर मिट्टी हांडी

सामग्री

400 ग्राम पनीर, 1 इंच के टुकड़ों में कटा हुआ
2 बड़े चम्मच तेल
2 तेजपत्ते
2 हरी (छोटी) इलायची
2 लौंग
¾ इंच दालचीनी का टुकड़ा
1 छोटा चम्मच अदरक पेस्ट
1 छोटा चम्मच लहसुन पेस्ट
¾ बड़ा चम्मच हरी मिर्च का पेस्ट
½ कप काटकर भूने हुए प्याज का पेस्ट
¾ छोटा चम्मच जीरा पाउडर
1½ बड़े चम्मच धनिया पाउडर
6-8 काली मिर्च, कुटी हुई
नमक स्वादानुसार
¾ कप दही, फेंटा हुआ
½ कप ताजी मलाई
चुटकीभर, केसर
3 छोटी इलायची, पीसकर
¾ बड़ा चम्मच गरम मसाला पाउडर
3 बड़े चम्मच ताज़ा हरा धनिया, बारीक कटा हुआ
1½ बड़े चम्मच ताज़े पुदीने की पत्तियाँ, बारीक कटी हुई
कुछ गुलाब की पंखुडियाँ
1½ छोटे चम्मच गुलाब जल

चित्र पृष्ठ क्र. 49 पर देखें

हांडी को बंद करने के लिये गूंधे हुए आटे की लोई

विधि

1 अवन को 180°C पर पहले से ही गरम करें.

2 एक पेन में तेल गर्म करें. अब इसमें तेजपत्ते, इलायची, लौंग, दालचीनी डालकर खुशबू आने तक भूनते रहें. इसमें अदरक, लहसुन तथा हरी मिर्च का पेस्ट डालकर अच्छी तरह मिलायें. फिर भूने हुए प्याज का पेस्ट डालकर मिश्रण को अच्छी तरह मिलायें.

3 एक कप पानी डालकर दो मिनट तक पकायें. फिर जीरा पाउडर, धनिया पाउडर, कुटी काली मिर्च और नमक डालकर, एक मिनट तक चलायें. दही डालकर अच्छी तरह मिश्रण को मिलायें.

4 इस रसे में पनीर डालकर, मध्यम आँच पर पकायें. ताजी मलाई तथा केसर डालकर रसे को अच्छी तरह हिलायें.

5 इसे मिट्टी की हांडी में डालें. इसमें पिसी इलायची, गरम मसाला पाउडर, धनिया और पुदीने की पत्तियाँ, गुलाब की पंखुड़ियाँ तथा गुलाबजल डालकर, सावधानी से हिलायें. हांडी पर ढक्कन रख दें तथा आटे की लोई लगाकर हांडी के किनारे सावधानी से बंद कर दें.

6 हांडी को अवन में रखकर दस से पंद्रह मिनट तक पकायें. लोई निकाल दें और हांडी में से गरमा-गरम परोसें.

पनीर मलाई करी

सामग्री

100 ग्राम पनीर, 1 इंच के टुकड़ों में कटा हुआ
2 बड़े चम्मच तेल
2 तेजपत्ते
3-4 छोटी इलायची
3-4 लौंग
1 इंच दालचीनी
1 छोटा चम्मच पाँच फोरन *
2 मध्यम आकार के प्याज, कद्दूकस किए हुए
1 बड़ा चम्मच अरदक का पेस्ट
1 छोटा चम्मच लाल मिर्च पाउडर
¼ छोटा चम्मच हल्दी
1 कप नारियल का दूध
3 हरी मिर्च, बीच में से चीर कर
½ कप नारियल की मलाई, बारीक कटी हुई
1 बड़ा चम्मच कद्दूकस किया हुआ नारियल
1 बड़ा चम्मच शुद्ध घी
नमक स्वादानुसार
2 बड़े नारियल
आटे की लोई, बंद करने के लिये

विधि

1 अवन को 200°C पर पहले से ही गरम कर लें. नारियल का पानी तथा मलाई निकाल लें तथा नारियल के खोल को एक तरफ रख दें.

चित्र पृष्ठ क्र. 50 पर देखें

2 एक पेन में तेल गर्म करें. अब इसमें तेजपत्ते, इलायची, लौंग, दालचीनी और पाँच फोरन डालकर कुछ सेकण्ड के लिये भूनें तथा फिर प्याज मिलाकर और दो-तीन मिनट तक भून लें. अदरक का पेस्ट मिलाकर मसालों की खुशबू आने तक भूनते रहें. बीच में यदि आवश्यकता हो तो थोड़ा पानी भी छिड़क दें जिससे मसाले झुलस कर पेन में चिपके नहीं.

3 लाल मिर्च पाउडर और हल्दी को थोड़े से पानी में घोलकर पेन के मिश्रण में डाल दें तथा मध्यम आँच पर दो से तीन मिनट तक चलायें फिर नारियल का दूध और हरी मिर्चें डालें.

4 अब इसमें पनीर, नारियल की मलाई, कद्दूकस किया हुआ नारियल, घी तथा नमक डालकर ढक्कन रख दें तथा पाँच से सात मिनट तक पकायें.

5 नारियल के खोलों में पनीर का मिश्रण भरकर ऊपर उन्हीं का ढक्कन रख दें तथा किनारों को आटे की लोई लगाकर बंद कर दें.

6 इन नारियल के खोलों को अवन में रखकर पंद्रह से बीस मिनट तक बेक करें तथा इस करी को नारियल के खोल में ही परोसें.

** पाँच फोरन : राई, जीरा, मेथी, सौंफ तथा कलौंजी की समान मात्रा को मिलाकर बने मिश्रण को पाँच फोरन कहा जाता है.*

लीची पनीर

सामग्री

- 8-10 डिब्बाबंद लीची
- 300 ग्राम पनीर
- 2 बड़े चम्मच कॉर्नफ्लोर
- तलने के लिये तेल
- 2 मध्यम आकार के प्याज, चौकोर टुकड़ों में कटे हुए
- 15-18 काजू
- 2-3 बड़े चम्मच घी
- 6 लौंग
- 3 एक इंच के दालचीनी का टुकड़े
- 1 छोटा चम्मच अदरक का पेस्ट
- 1½ छोटे चम्मच लहसुन का पेस्ट
- 1½ छोटे चम्मच हरी मिर्च का पेस्ट
- ¼ छोटा चम्मच लाल मिर्च पाउडर
- ½ कप दही, फेंटा हुआ
- 1 छोटा चम्मच चीनी
- ¼ छोटा चम्मच गरम मसाला पाउडर
- 1½ छोटे चम्मच सूखी मेथी (कसूरी मेथी), मसली हुई
- ¾ कप मलाई

विधि

1 पनीर के दो तिहाई हिस्से को एक इंच के तिकोने टुकड़ों में काट लें तथा बचे हुए पनीर को कद्दूकस कर लें.

2 लीचियों को डिब्बे से निकाल कर निथार लें तथा इनमें कद्दूकस किया हुआ पनीर भरकर कॉर्नफ्लोर में लपेट लें.

3 एक कड़ाही में तेल गर्म करें तथा लीचियों को हल्के सुनहरे होने तक तल लें तथा तेल निकलने के लिये तेल सोखने वाले कागज़ पर रख दें.

4 एक कप पानी में काजू तथा प्याज को दो से तीन मिनट तक उबालें. पानी निथार कर ठंड़ा होने दें. फिर पीसकर महीन पेस्ट बना लें.

5 एक मोटे तले के बर्तन में घी गर्म करें. लौंग तथा दालचीनी डालकर भून लें. जब खुशबू आने लगे तो अदरक, लहसुन तथा हरी मिर्च का पेस्ट डाल दें तथा लगभग आधे मिनट तक भूनें.

6 प्याज और काजू का पेस्ट डालकर, मध्यम आँच पर दो मिनट तक भूनें.

7 लाल मिर्च पाउडर, दही, चीनी, गरम मसाला पाउडर तथा कसूरी मेथी डालकर अच्छी तरह मिला लें तथा एक मिनट तक पकायें.

8 मलाई, पनीर और तली हुई लीचियाँ डालकर हिलायें तथा धीमी आँच पर पाँच से छः मिनट तक पका लें.

9 गरमा-गरम परोसें.

थ्री पेप्पर पनीर बेक

सामग्री

1 छोटी लाल शिमला मिर्च,
½ इंच के टुकड़ों में कटी हुई

1 छोटी पीली शिमला मिर्च,
½ इंच के टुकड़ों में कटी हुई

4 बड़ी हरी शिमला मिर्च, हर एक के लंबाई में दो टुकड़े किए हुए

200 ग्राम पनीर, ½ इंच टुकड़ों में कटा हुआ

2 बड़े चम्मच तेल

1 बड़ा प्याज, कटा हुआ

2-3 लहसुन की कलियाँ, कटी हुई

1 मध्यम आकार की लीक, कटी हुई

4 बड़े चम्मच टमाटर की प्यूरी

1 छोटा चम्मच रेड चिली फ्लेक्स

1 छोटा चम्मच ड-ाइड मिक्स्ड हर्ब्स

नमक स्वादानुसार

½ कप पके हुए चावल

½ कप स्वीट कॉर्न के दाने, उबले हुए

1 कप कद्दूकस किया हुआ चीज़

विधि

1 एक भारी तले के बर्तन में दो बड़े चम्मच तेल गर्म करें. प्याज डालकर मध्यम आँच पर ो मिनट भूनने के बाद अदरक तथा लीक डालकर और एक मिनट तक चलाते रहें.

2 टमाटर की प्यूरी, रेड चिली फ्लेक्स, ड्राइड हर्ब्स तथा नमक डालकर दो मिनट और काये.

3 लाल और पीली शिमला मिर्च, चावल, स्वीट कॉर्न के दाने तथा पनीर डालकर, लगातार हेलाते हुए और ऊपर-नीचे उछालकर अच्छी तरह का लें.

4 पाव कप कद्दूकस किया हुआ चीज़ डालकर सावधानी से मिश्रण को मिलायें फिर आँच से उतार कर रख दें.

5 अवन को 160°C तक पहले से ही गरम करें.

6 लंबाई में कटी हरी शिमला मिर्च के हर आधे भाग को पनीर तथा चावल के मिश्रण से भरकर, ऊपर से कद्दूकस किया हुआ चीज़ छिड़क दें.

7 भरी हुई शिमला मिर्च को एक बेकिंग ट्रे में रखकर पंद्रह मिनट तक या शिमला मिर्च के नरम होने तक और चीज़ के पिघलने तक बेक करें. गरमा-गरम परोसें.

मशरूम, बेबीकॉर्न एण्ड पनीर तवा मसाला

सामग्री

8-10 बटन मशरूम, दो टुकड़ों में काटे हुए
8-10 बेबी कॉर्न, दो टुकड़े कर उबाले हुए
400 ग्राम पनीर, 1½ इंच के टुकड़ों में कटे हुए
10 छोटे आलू, आधे उबले हुए
10-15 छोटे प्याज
5 छोटे चम्मच + 3 बड़े चम्मच तेल
2 बड़े प्याज, कटे हुए
1½ इंच अदरक, कटी हुई
3-4 हरी मिर्च, कटी हुई
½ छोटा चम्मच धनिया पाउडर
½ छोटा चम्मच लाल मिर्च पाउडर
4 छोटे चम्मच गरम मसाला पाउडर
नमक स्वादानुसार
8 बड़े चम्मच टमाटर की प्यूरी
1 बड़ा चम्मच नींबू का रस
2 बड़े चम्मच कटा हुआ ताजा हरा धनिया

चित्र पृष्ठ क्र. 56 पर देखें

वेधि

1 मशरूम, बेबी कॉर्न, पनीर, छोटे आलू तथा छोटे प्याज सभी को अलग-अलग एक छोटे म्मच तेल में भून लें. भूनते समय थोड़ा सा मक छिड़कें. तेल में से निकाल कर अलग रख .

2 एक तवे पर तीन बड़े चम्मच तेल गर्म करें. इसमें कटा हुआ प्याज डालकर भूरा रंग आने क भून लें. अदरक डालकर फिर भूनें. अब इसमें ोड़ा सा पानी डालकर कुछ मिनट तक पकायें.

3 प्याज के मिश्रण में हरी मिर्च डालकर भूनते रहें.

4 भूने हुए पनीर के टुकड़े तथा अन्य सब्जियाँ तवे के किनारों पर रखें.

5 पनीर तथा सब्जियों को, तवे के बीच में मसाले के बीच खींचें.

6 धनिया पाउडर, लाल मिर्च पाउडर, गरम मसाला पाउडर, नमक, टमाटर की प्यूरी, तथा आधा कप पानी डालकर अच्छी तरह मिला लें तथा तीन से चार मिनट तक पकायें. नींबू का रस मिलायें.

7 कटी हुई हरी धनिया पत्ती से सजाकर गरमा-गरम परोसें.

कॉर्न एण्ड पनीर बेक

सामग्री

200 ग्राम पनीर, कद्दूकस किया हुआ
1 कप स्वीट कॉर्न के दाने, उबले हुए
½ कप ताज़े हरे मटर के दाने, ब्लान्च किए हुए
¼ कप ब्रेड का ताजा चूरा
1 कप कद्दूकस किया हुआ चीज़
¼ छोटा चम्मच सूखा ओरेगॉनो
1 बड़ा चम्मच मक्खन, पिघलाया हुआ

सॉस

3 बड़े चम्मच मक्खन
4 बड़े चम्मच मैदा
3 कप दूध
नमक स्वादानुसार
½ छोटा चम्मच रेड चिली फ्लेक्स

विधि

1 अवन को 180°C पर पहले से ही गरम कर लें.

2 सॉस बनाने के लिये, एक देगची में तीन बड़े चम्मच मक्खन गर्म करें. इसमें मैदा मिलाकर, मध्यम आँच पर दो मिनट के लिये भून लें या फिर खुशबू आने तक भून लें. फिर धीरे-धीरे दूध मिलाते हुए चलाते रहें ताकि गुठलियाँ

नें. मध्यम आँच पर तब तक पकायें जब तक
ह मिश्रण गाढ़ा और चिकना न हो जाये. अब
मक तथा चिली फ्लेक्स मिला दें.

3 मकई तथा मटर के दानों के साथ, कद्दूकस किया हुआ पनीर भी सॉस में डालें तथा धीरे
े हिलायें.

4 अब इस मिश्रण को एक अवनप्रूफ डिश में निकाल लें. ऊपर से ब्रेड का चूरा, चीज़ तथा
ूखा ओरेगेनो छिड़क दें. एक छोटा चम्मच
पघला हुआ मक्खन डालें तथा बीस मिनट तक
ा चीज़ पिघलने तक बेक करें.

5 गार्लिक ब्रेड के साथ गरमा-गरम परोसें.

गार्लिक ब्रेड

4 बड़े चम्मच सॉल्टेड मक्खन को अच्छी तरह फेंटकर मुलायम कर लें. इसमें 2 छोटे चम्मच लहसुन का पेस्ट और ½ छोटा चम्मच पिसी काली मिर्च डालें. एक फ्रेंच लोफ को 2 इंच के तिरछे चीरे लगाकर उसमें बहुत सारा मक्खन लगायें. एल्युमिनियम के फॉईल में लपेट कर 5-8 मिनट तक अवन में पकायें.

चित्र पृष्ठ क्र. 60 पर देखें

पेन्ने विद वेजिटेबल्स एण्ड कॉटेज चीज़

सामग्री

- 200 ग्राम पेन्ने (क्विल-शेप्ड पास्ता)
- 225 ग्राम पनीर, ½ इंच के टुकड़ों में कटा हुआ
- 3 बड़े चम्मच जैतून का तेल
- 8-10 लहसुन की कलियाँ, कटी हुई
- 1 मध्यम आकार की गाजर, तिरछी फाँकों में कटी हुई
- 1 मध्यम ज़्युकिनी, तिरछी फाँकों में कटी हुई
- 4-5 बेबी कॉर्न, ब्लान्च किए हुए और तिरछी फाँकें की हुई
- 5-6 छोटे ब्रॉकोली के फूल, ब्लान्च किए हुए
- 4-5 चेरी टमाटर, दो टुकड़ों में काटे हुए
- कुछ तुलसी की ताजी पत्तियाँ
- 6-8 काली मिर्च, कुटी हुई
- 1 छोटा चम्मच रेड चिली फ्लेक्स
- नमक स्वादानुसार
- 1 बड़ा चम्मच कद्दूकस किया हुआ पार्मेसन चीज़

विधि

1 पेन्ने को पाँच कप पानी में नमक डालकर तब तक उबालें, जब तक वह पक न जाये (परन्तु दांत से काटने पर वह सख्त लगना चाहिए) पानी निथार लें.

2 एक वोक में जैतून का तेल गर्म करें तथा इसमें लहसुन डालकर मध्यम आँच पर एक मिनट भूनें.

3 अब इसमें पेन्ने, गाजर, ज़्युकिनी, बेबी कॉर्न, और ब्रोकोली डालकर मध्यम आँच पर दो से तीन मिनट तक पकायें. पकाते समय लगातार हिलाते रहें.

4 चेरी टमाटर, हाथ से तोड़ी हुई तुलसी की पत्तियाँ, कुटी हुई काली मिर्च, चिली फ्लेक्स, पनीर तथा नमक डालकर और एक मिनट तक मिश्रण को टॉस करते रहें.

5 तैयार पास्ता को एक प्लेटर में निकाल लें और ऊपर से पार्मेसन चीज़ छिड़ककर गरमा-गरम परोसें.

शेफ की सलाह

पास्ता को थोड़े से जैतून के तेल के साथ टॉस करें, जिससे यह बर्तन के तले में चिपकेगा नहीं.

पनीर पसन्दा

सामग्री

400 ग्राम पनीर
2 बड़े प्याज, चार टुकड़े किए हुए
1½ इंच अदरक
10 लहसुन के कलियाँ
20 काजू
15-20 किशमिश, कटी हुई
½ छोटा चम्मच सफेद मिर्च पाउडर
नमक स्वादानुसार
½ कप कॉर्नफ्लोर
2 बड़े चम्मच तेल + तलने के लिये
1 तेजपत्ता
4-5 लौंग
1 इंच दालचीनी
4-5 छोटी इलायची
6-8 काली मिर्च
3 हरी मिर्च, बारीक कटी हुई
1 छोटा चम्मच लाल मिर्च पाउडर
¼ छोटा चम्मच हल्दी
1 छोटा चम्मच धनिया पाउडर
2 कप टमाटर की प्यूरी
1 छोटा चम्मच हरी इलायची पाउडर
1 बड़ा चम्मच चीनी
½ कप ताजी मलाई

विधि

1 पनीर के एक चौथाई हिस्से को मसल कर रख दें. बाकी बचे पनीर के डेढ़ इंच के वर्गाकार टुकड़े करें, जो पाव इंच मोटे हों.

2 आधे कप पानी में प्याज उबालें. पानी निकाल कर प्याज को बारीक पीस लें. आधे इंच अदरक को बारीक काटें तथा बची हुई अदरक और लहसुन का महीन पेस्ट बना लें.

3 आधे काजुओं को आधा कप गर्म पानी में पंद्रह मिनट के लिये भिगोयें. फिर पानी निथार कर काजुओं का महीन पेस्ट बना लें. बचे हुए काजू काटकर उनके टुकड़े कर लें.

4 मसला हुआ पनीर, बारीक कटी अदरक, कटे हुए काजू, किशमिश, सफेद मिर्च पाउडर तथा नमक को एकत्रित कर अच्छी तरह मिलायें तथा इस मिश्रण को पनीर की दो स्लाइस के बीच भरकर उनका सेंडविच तैयार कर लें.

5 कॉर्नफ्लोर में नमक तथा पानी डालकर गाढ़ा घोल बनायें.

6 एक कड़ाही में तेल गर्म करें. भरे हुए पनीर को घोल में डुबोकर तेल में तल लें. कुरकुरे तथा सुनहरे होने पर निकालें और तेल सोखने वाले कागज़ पर रख दें ताकि अतिरिक्त तेल निकल जाये.

7 एक अलग कड़ाही में दो बड़े चम्मच तेल गर्म करें. इसमें तेजपत्ता, लौंग, दालचीनी, इलायची और काली मिर्च के दाने डालकर तब तक भूनें जब तक मसाले की खुशबू न आने लगे. अब उबले प्याज का पेस्ट डालकर और दो मिनट तक पकायें.

8 कटी हरी मिर्च, अदरक और लहसुन का पेस्ट, लाल मिर्च पाउडर, हल्दी और धनिया पाउडर डालकर एक मिनट तक पकायें.

9 टमाटर की प्यूरी डालकर एक उबाल लायें. काजू के पेस्ट को थोड़े से पानी में मिलाकर कड़ाही में डालें. अच्छी तरह मिश्रण को हिलाते हुए, पांच मिनट तक पकायें. नमक तथा इलायची पाउडर डालें.

10 एक कप पानी तथा चीनी डालकर एक उबाल लायें.

11 तला हुआ पनीर तथा ताजी मलाई डालकर सावधानी से मिश्रण को हिलायें तथा गरमा-गरम परोसें.

मालवणी पनीर मसाला

सामग्री

300 ग्राम पनीर, 1 इंच के टुकड़ों में कटा हुआ
3 बड़े चम्मच तेल + तलने के लिये
1 छोटा चम्मच जीरा
4-5 कढ़ीपत्ते
1 मध्यम आकार का प्याज, कटा हुआ
2 मध्यम आकार के टमाटर, कटे हुए
½ कप नारियल का दूध
¼ छोटा चम्मच हल्दी
½ छोटा चम्मच सूखा मालवणी मसाला (ऐच्छिक)
1 छोटा चम्मच कटा हुआ ताज़ा हरा धनिया

मसाला पेस्ट

2 मध्यम आकार के प्याज़, फाँके की हुई
2 छोटे चम्मच तेल
¼ कप कद्दूकस किया हुआ सूखा नारियल
3-4 सूखी शंकेश्वरी मिर्च
2 बड़ी इलायची
2 हरी (छोटी) इलायची
3-4 लौंग
1 इंच दालचीनी
1 चक्री फूल
1 छड़ीला (दगड़ फूल)

2 छोटे चम्मच सूखा धनिया
½ छोटा चम्मच जीरा

विधि

1 एक कड़ाही में तेल गर्म कर, उसमें पनीर के टुकड़ों को हल्के भूरे रंग के होने तक तल लें तथा निकाल कर तेल सोखने वाले कागज़ पर रख दें.

2 मसाला पेस्ट बनाने के लिये, एक तवे पर दो छोटे चम्मच तेल में प्याज़ डालकर हल्का सुनहरा-भूरा रंग का होने तक भून लें. फिर सूखे नारियल को, गर्म तवे पर सूखा ही भून लें जब तक हल्का सुनहरा-भूरा न हो जाये.

3 शंकेश्वरी मिर्च, काली इलायची, हरी इलायची, लौंग, दालचीनी, चक्री फूल, दगड़ फूल, सूखा धनिया तथा जीरा, एक-एक कर सूखे ही भून लें. ठंडे होने पर इन मसालों में थोड़ा सा पानी डालकर पीसकर महीन पेस्ट बना लें.

4 एक पेन में तीन बड़े चम्मच तेल गर्म करें. इसमें जीरा डाल दें. जब जीरे का रंग बदलने लगे तब उसमें कढ़ीपत्ता और प्याज डालकर सुनहरा होने तक भूनें.

5 टमाटर डालकर गूदेदार और नर्म होने तक पकायें.

6 पिसे मसाले डालकर तीन से चार मिनट भूनें. पाव कप पानी डालकर बिना ढक्कन रखे और तीन से चार मिनट पकायें. अब पनीर डालकर अच्छी तरह मिलायें.

7 धीमी आँच पर पाँच से छः मिनट तक पकायें. फिर नारियल का दूध, हल्दी और मालवणी मसाला डाल दें. स्वाद के अनुसार नमक डालें तथा अच्छी तरह मिला लें.

8 दो से तीन मिनट तक और पकायें तथा हरे धनिये से सजाकर गरमा-गरम परोसें.

शेफ की सलाह

शंकेश्वरी मिर्च काफी तीखी होती है. तीखापन कम करने के लिये बेड़गी मिर्ची का उपयोग करें.

पालक और पनीर परांठा

सामग्री

8-10 पालक के बड़े पत्ते
1½ कप आटा
½ कप मैदा
नमक स्वादानुसार
1 छोटा चम्मच तिल
सेंकने के लिये घी

भरावन

300 ग्राम पनीर, कद्दूकस किया हुआ
3 हरी मिर्च, कटी हुई
1 बड़ा चम्मच ताजी हरी धनिया पत्ती
1 छोटा प्याज, कटा हुआ
1½ छोटे चम्मच चाट मसाला
नमक स्वादानुसार

विधि

1 आटा, मैदा तथा नमक एक साथ चलनी से छानकर बाउल में रख दें.

2 पालक के पत्तों को उबलते हुए पानी में एक मिनट के लिये ब्लान्च कर लें. पानी अच्छी तरह निथार कर पीसकर गाढ़ी प्यूरी बना लें.

3 आटे में पालक की प्यूरी तथा तिल डालकर पर्याप्त पानी मिलाकर मुलायम आटा गूंध लें.

आटे को आधे घंटे के लिये गीले कपड़े से ढककर रख दें.

4 भरावन के लिये, पनीर, हरी मिर्च, हरी धनिया पत्ती, प्याज, चाट मसाला तथा नमक को एक बड़े से बाउल में एकत्रित करें तथा अच्छी तरह मिला लें. फिर इसे आठ समान भागों में बाँट लें.

5 आटे को फिर से गूंधकर मुलायम करें तथा इसे भी आठ समान भागों में बाँट लें. गोल-गोल लोइयाँ बनाकर हथेलियों से दबाकर चपटा कर लें.

6 हर एक लोई की चार इंच की रोटियाँ बेल लें, जो किनारों से पतली हो.

7 रोटी के बीच पनीर का भरावन रखकर किनारों को एकत्रित कर फिर से गोला बना लें तथा बेलकर सात इंच का परांठा बना लें.

8 तवा गर्म करें. इस पर परांठा डालें. पहली बार पलट कर, पिघला हुआ घी, चम्मच से किनारों पर डालें. फिर पलटा कर दोबारा घी डालें. दोनों तरफ से अच्छी तरह सेंक लें.

9 अचार के साथ गरमा-गरम परोसें.

पनीर और चावल परांठा

सामग्री

- 1½ कप आटा
- ½ कप मैदा
- नमक स्वादानुसार
- 2 बड़े चम्मच घी + सेंकने के लिये
- ¼ कप दही, फेंटा हुआ + परोसने के लिये

भरावन

- ¾ कप कद्दूकस किया हुआ पनीर
- ¾ कप पके हुए चावल, हल्के से मसले हुए
- 1 मध्यम आकार का प्याज, कटा हुआ
- नमक स्वादानुसार
- 3 हरी मिर्च, कटी हुई
- ½ छोटा चम्मच लाल मिर्च
- ¼ छोटा चम्मच हल्दी
- ½ छोटा चम्मच अजवाइन
- 1 बड़ा चम्मच कटा हुआ ताजा हरा धनिया

विधि

1 आटे तथा मैदे में नमक डालकर एक साथ चलनी से छान लें. फिर दो बड़े चम्मच गुनगुना घी तथा दही डालकर पर्याप्त पानी डालें तथा गूंध कर मुलायम लोई बना लें. इसे गीले कपड़े से ढक कर आधे घंटे के लिए रख दें.